RÉFLEXIONS

CRITIQUES ET PHILOSOPHIQUES

SUR LA TRAGÉDIE,

AU SUJET DES *Loix de Minos.*

A M. THOMAS,

DE L'ACADÉMIE FRANÇAISE,

Vendues au profit des Pauvres.

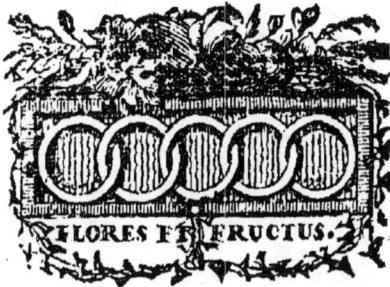

FLORES ET FRUCTUS.

A AMSTERDAM;

Et se trouve A PARIS;

chez MICHEL LAMBERT, Imprimeur-
Libraire, rue de la Harpe, près S. Côme.

M. DCC. LXXIII.

RÉFLEXIONS

CRITIQUES ET PHILOSOPHIQUES

SUR LA TRAGÉDIE,

AU SUJET DES LOIX DE MINOS.*

I. DU BUT MORAL
DE LA TRAGÉDIE.

Quand on a fait, Monſieur, un Poëme épique, on eſt en droit de juger une Tragédie; & quand on écrit, comme vous faites, pour rendre les hommes plus juſtes, plus ſages, plus humains & plus éclairés, on doit ſentir plus que perſonne

---

* Quoique l'ouvrage ait été approuvé ſous le titre de *Critique d'Aſtérie*, on penſe que celui qui eſt à la tête convient davantage.

ce qui manque à nos ouvrages dramatiques.

Un Auteur est flatté sans doute d'entendre un Parterre prodiguer des battemens de mains à une Tragédie nouvelle, & crier en s'extasiant: *Que cela est beau!* Mais ne vaudrait-il pas mieux entendre dire aux Philosophes ? *Cela est bon.* Ce n'est pas assez, je pense, d'exciter l'admiration; il faut encore instruire ses contemporains. C'est là, si je ne me trompe, le but moral que tout homme de lettres citoyen doit se proposer dans ses études. C'est celui qui se fait sentir dans tous vos ouvrages. Plus on est fâché de ne pas trouver ce but moral dans les chef-d'œuvres de nôtre Théâtre, plus on doit applaudir à M. *de Voltaire* de s'en être proposé un dans la Tragédie des *Loix de Minos.* C'est un exemple de plus ajoûté à tant d'autres, qu'il a donnés dans des matières encore plus importantes.

Je hasarde quelques réflexions sur ce but moral dont nos Tragédies anciennes & modernes sont dépourvues. Ces Réflexions ne sont point des jugemens : ce n'est pas à moi à prononcer sur un art que je ne cultive pas. L'abbé *Dubos,*

(5)

dont les connaissances étaient si variées & le tact si délicat, pût autrefois juger les Peintres sans avoir un tableau, & régler les rangs sur le Parnasse sans avoir jamais fait de vers : un *Atrabies*, sans être un abbé *Dubos*, peut à son tour élever un Parnasse; &, sans conséquence, entre *Homère* & *Virgile*, placer Midas ou *F*** ; le Public ne fait point d'attention à cette absurdité ; il lit les bons ouvrages, & dédaigne, de nos jours, comme du tems de *Corneille* & de *Racine*, les critiques & les bouffonneries dont nos petits farceurs littéraires amusent le vulgaire des lecteurs.

Parmi le nombre prodigieux de Tragédies qui se jouent chaque année à Paris, il en est peu au sortir desquelles un spectateur ne soit pas en droit de demander : *A quoi cela est-il bon ?* Il en est même beaucoup dont on peut dire, avec un Géomètre : *qu'est-ce que cela prouve ?* En effet, si la scène en nous retraçant le tableau abominable de tant de meurtres, de tant de superstitions, de crimes de toute espèce, ne nous rend pas, ou plus respectueux envers la Divinité, ou plus soumis aux Loix, plus attachés à la Patrie,

A iij.

plus fenfibles & plus compatiffans aux malheurs de nos frères ; la fcène, dis-je, ne peut être regardée que comme le rendez-vous des défœuvrés.

Il eft bon, je crois même qu'il eft néceffaire, dans des Villes immenfes telles que Paris & Londres, d'amufer les oififs, de dérober à l'ennui qui engendre tous les vices, tant d'êtres dont le défœuvrement pourrait nuire à la tranquillité publique ; mais je crois qu'il eft encore plus avantageux d'inftruire ces oififs, & de les rendre meilleurs en les occupant noblement.

Plus on lit les Théâtres Grecs, plus on eft étonné de ne point y trouver de but moral. Quiconque connaît l'Antiquité, fait que la Tragédie, inventée, dit-on, par *Minos*, refta long-tems enfevelie dans l'obfcurité des Temples. C'eft-là qu'elle avait un objet religieux, celui de montrer aux initiés le ridicule des fuperftitions du peuple, & l'unité d'un Dieu qu'on lui cachait ; de rappeler l'homme à l'inftabilité des chofes humaines, à la briéveté & au terme de fa vie ; enfin à fes deftinées futures.

Quand la Tragédie devint publique, elle eût plus de magnificence; mais on la dépouilla de fon objet moral. Il ne fut pas permis de dire, au peuple affemblé au Théâtre, ce qu'on ne confiait dans le Temple qu'à ceux qu'on croyait dignes de participer aux myftères de Cérès & d'Eleufine, parce qu'on craignit qu'une révolution dans les opinions religieufes, n'entraînât celle du gouvernement; & c'eft ce qu'on ne doit jamais craindre quand les efprits font préparés.

Les Athéniens furent les premiers qui encouragèrent par des honneurs & par des récompenfes, ceux qui confacrèrent leurs talens à la perfection de la Tragédie, qui était comme née parmi eux. La gloire de leurs grands hommes faifait celle de leur Patrie. Ils lièrent les repréfentations dramatiques aux cérémonies de la Religion; & ce fut-là un moyen politique pour attirer chez eux les étrangers qui avaient abandonné leurs folennités. A force de les multiplier, ces folennités étaient tombées dans le décri. Leurs Panathénées, l'exercice de l'Efcarpolète, leurs Afcholies ou leur jeu de cloche-pied, qui

confiftait à fauter, fans tomber, fur un outre
enflé & graiffé d'huile, étaient devenus des fujets de plaifanteries pour les Grecs & pour les
étrangers, tandis qu'ils couraient en foule aux
jeux de l'Ifthme, de Thèbes, d'Olympie.

Quand Athènes eut un Théâtre, ce qui n'arriva que très-tard, la célébration de fes jeux fut
un objet d'admiration pour fes voifins. Le con-
cours fut prodigieux. Il y avait alors dans la Grèce
des hommes inftruits, quoique la populace fût
toujours ignorante & fuperftitieufe. Des fêtes,
où l'on repréfentait la vie des demi-Dieux, furent préférées aux exercices du cefte, de la
courfe, de la lutte & du pugilat. Les aventures
de leurs héros mifes en action devant le peuple,
formaient en effet un fpectacle bien au-deffus de
celui où des hommes mettaient leur gloire à
conduire un char & à lancer un palet d'un bras
vigoureux. On aima mieux voir retracer les in-
fortunes d'Œdipe, & le défaftre de fa malheu-
reufe famille, que d'affifter à des combats où
des hommes nuds, nerveux & huilés s'affom-
maient à coups de poings : exercices honorables

fans doute , & fur-tout très-utiles dans ces tems héroïques & barbares, où la roideur & la fou-plefle des mufcles décidaient du fort des peu-ples.

Les autres Républiques, jaloufes d'Athènes, s'empreſſèrent de l'imiter. A fon exemple, elles eurent des Théâtres , & joignirent l'appareil des jeux fcéniques aux folennités de la Religion. Athènes , la ville la plus éclairée qui fût alors au monde , la Patrie des Sages, le rendez-vous des Philofophes , l'emporta toujours fur fes rivales par la magnificence de fes fpectacles , & par l'encouragement de l'art dramatique, qui dès-lors fut regardé comme le plus beau de tous.

En vain la politique multiplia les Théâtres dans les principales Villes de la Grèce ; la Tragédie, quoiqu'aſſociée aux liturgies de fon culte fuperf-titieux,ne fut jamais une inftruction comme elle l'était dans l'intérieur des Temples ; elle ne fut plus que le plus noble des amufemens. Les Au-teurs dramatiques, pour fuppléer au but moral dont on avait dépouillé la fcène , employèrent les chœurs, qui , en augmentant l'appareil du

spectacle, remplissaient les vuides des entr'actes,
qui chez nous font un défaut, mais qu'une longue habitude nous empêche d'appercevoir. Ces
chœurs toujours augustes, en imposaient par
l'importance de leurs discours. Ces espèces de
monologues étaient toujours des hymnes religieux dont l'objet était de célébrer la puissance
des Dieux, d'en inspirer la crainte, & de re-
commander une résignation aveugle à leurs
décrets.

On aurait pu, il est vrai, demander à ces
chœurs pourquoi ils voulaient qu'on adorât des
Dieux, qui dans le cours de la Tragédie, étaient
dépeints injustes, bizarres, méchans, & qui se
faisaient haïr par la manière implacable dont ils
punissaient des fautes involontaires.

Les Auteurs dramatiques Grecs auraient pu
tirer un grand avantage de la Tragédie ; ils eus-
sent pu s'en servir pour décréditer tant d'affreu-
ses superstitions sous le joug desquelles gémis-
saient leurs différentes Républiques. C'eût été un
grand service à rendre aux Nations polythéïstes,
de leur ôter leurs grands & leurs petits Dieux,

& de ne leur laiffer, avec un culte pur & fim-
ple, que l'intime perfuafion d'une Divinité unique qui régit l'Univers, qui punit le crime &
récompenfe la vertu. Le difcrédit de tant de
fables groffières, mais facrées, dont la Théologie
Grecque était furchargée, eût été une vraie pré-
paration au règne de la vérité dont les fonde-
mens font éternels, mais dont l'empire n'a été
établi que très-tard.

Efchyle, Sophocle, Euripide créerent le Théâtre; mais ils ne changèrent pas leur Nation. Il
eût fallu avant tout la fubjuguer par l'afcendant
de leur génie. La canaille d'Athênes, croyant
entrevoir dans une des Tragédies d'*Efchyle*,
quelques allufions à ce qui pouvoit-être l'objet
de fon culte ridicule, voulut l'affommer; elle le
chaffa du Théâtre à coups de pierres; & il n'é-
chappa à la fureur des fanatiques, qu'en fe ré-
fugiant vers l'autel de Bacchus. La fuperftition
voulait le faire périr, & ce fut par elle qu'il fe
fauva. Malheureufement, après cette aventure,
il arriva ce qui eft arrivé plufieurs fois parmi
nous. Les Juges s'armèrent en faveur de cette

canaille féditieufe qu'ils auroient dû punir ;
& ils bannirent *Efchyle* qu'ils auroient dû pro-
téger, & qui par fon génie a fait mille fois plus
d'honneur à la Grèce que les imbéciles qui fi-
gnèrent l'Arrêt de fon banniffement.

On nous affure que M. *Luneau de Boïjermain* *
eût trouvé la mort d'Euripide fort jufte & fort édi-
fante : nous en demandons pardon à M. *Luneau*,
mais nous ne fommes pas de fon avis ; nous
penfons au contraire que cette mort eût été
à jamais affreufe : c'eût été celle d'un médecin
charitable, que des aveugles ont affommé, en
récompenfe de la vue qu'il a voulu leur re-
donner.

Euripide, l'élève & l'ami de ce vertueux
Socrate que la fuperftition fit mourir, & que la
Philofophie vengea fi folennellement, voulut,
après la mort d'*Efchyle*, rendre la Tragédie inf-
tructive & la faire fervir aux progrès de la raifon. Le peu qu'il hafarda fut mal accueilli. On le
traita d'impie, & quoique fon ami *Socrate* n'eût

---

* Œuvres de Racine, Difcours préliminaire.

point encore été condamné à boire du jus de ciguë, il craignit une accusation toujours dangereuse quand le Peuple est ignorant, & quand ses Prytanes le sont autant que le Peuple.

On ne peut qu'être très-étonné de voir les Grecs applaudir aux farces insipides de l'insolent & calomniateur *Aristophanes*, & désapprouver des grands hommes qui ne voulaient se servir de l'Art Dramatique, que comme d'un moyen plus sûr pour les rendre moins superstitieux, plus raisonnables. Ces Grecs légers, frivoles, jaseurs, aimaient à rire des travers de leurs Dieux, mais ils ne voulaient pas qu'on s'en moquât sérieusement. C'est-là sans doute une grande contradiction; mais quel peuple n'a pas eu les siennes!

Ne confondons point ici le but moral d'une Tragédie avec les maximes de morale, dont les ouvrages des Anciens sont remplis. Les déclamations ampoulées des *Sénèque* partagent ce faible avantage avec les chef-d'œuvres de la scène Grecque. Les moins connus de nos Auteurs en farcissent leurs Drames; la plupart d'entr'eux ne femblent chauffer le cothurne que pour faire ronfler des vers fententieux ; mais il y a une diftance infinie du but moral d'une Tragé-die , à cet amas de froids proverbes moraux, qu'un Auteur ftérile coud, comme il peut , dans des fcènes bourfoufflées.

En vain , dans nos Théâtres modernes , nous chercherions le but moral dont la Tragédie Grecque ne nous fournit point d'exemple. Les Italiens & les Efpagnols ne paraiffent pas s'en être doutés ; quant aux Anglais , quelques-uns de leurs Auteurs en ont approché; aucun d'eux ne l'a atteint.

En France , nos Maîtres , contens d'égaler *Euripide* & *Sophocle* , enorgueillis de les fur-paffer fouvent, ne fe font jamais apperçus que la partie la plus effentielle manquoit à leurs chef-d'œuvres. Le Philofophe , chez eux , n'a jamais dirigé la tête & l'enthoufiafme du Poëte. Ils n'ont pas fait tout le bien qu'ils auraient pu faire. On leur doit beaucoup fans doute. En cultivant le plus beau des Arts, ils ont accéléré les progrès de la raifon humaine ; mais on doit encore plus au Philosophe qui a éclairé cette raison, qui l'a épurée, qui, en présence du peuple, a su mettre en action & en dialogue ce que les Philosophes ont enseigné de plus sublime; enfin qui du grand art de *Sophocle* en a fait un moyen pour apprendre aux hommes ce qu'ils se doivent entr'eux, pour faire sentir aux tyrans, aux usurpateurs, aux assassins, qu'il est des Dieux vengeurs.

Il faut avouer que dans cet art divin d'instruire les hommes, il a laissé bien loin derrière lui ses prédécesseurs & ses contemporains. Nous parlons ici de M. *de Voltaire*. La morale qu'il a fait passer par toute sorte de forme, cette morale qu'il a répandue dans les plus légères, comme dans les plus sérieuses de ses productions, fait le fond de presque tous ses Ouvrages Dramatiques, comme une politique raisonnée fait le fond de tous ceux de *Corneille*, & l'amour & la galanterie de ceux de *Racine*. C'est là qu'il l'étale avec plus d'art, plus de pompe & plus de charmes. Son théâtre est tel qu'*Aristote* voulait qu'il fût : une école de vertu ; & tel qu'il ne fut jamais chez les Grecs , ni à Rome , ni même en Europe, depuis le renouvellement des lettres. Il y a peu de Tragédies dont il ne résulte quelques bonnes leçons pour ses semblables. Dans toutes, on y trouve de ces vérités utiles à tous les hommes, qui les éclairent insensiblement sur leurs véritables intérêts , & qui , à la longue , subjugant les plus opiniâtres , semblent promettre dans les opinions humaines la même révolution en Europe , que *Molière* fit en France dans nos usages & nos modes.

Jusqu'à lui , on s'était borné à mettre sur le théâtre un événement plus ou moins intéressant , & à l'arranger avec plus ou moins d'art pour exciter la pitié & la terreur. A ces sentimens, M. de *Crébillon*, unique dans son genre, a trop souvent substitué l'horreur & l'atrocité. On dit que c'est chez lui que se trouve la véritable Tragédie. On n'a point encore relevé cette erreur , & elle ne mérite pas de l'être.

Aucun de nos grands Maîtres n'avait fait du spectacle un sujet d'instruction ; aucun ne s'était proposé un but moral. Leurs Tragédies

dies ne montraient toutes que le grand Poëte ,
l'homme de génie. Dans celles de M. *de Voltaire* , à chaque page, on y fent un Philofophe
occupé du bonheur de fes femblables , les rap-
pelant fans ceffe à la vertu , & voulant toujours
les y conduire par le chemin de la raifon. Quand
on affifte aux repréfentations de la plupart de
fes Tragédies , on eft inftruit & content ; non-
feulement on a entendu de beaux vers , mais
encore de belles leçons. Voilà l'effentiel : fans
cela la Tragédie , le premier des arts comme
le plus beau , ne peut marcher qu'après la Cô-
médie, qui attaque nos ridicules & nos vices ,
& qui nous corrige en nous faifant rire.

Quel Auteur Dramatique fe proppfa jamais
d'avilir les ennemis du genre humain , de
leur faire payer , fi j'ofe m'exprimer ainfi , par
l'opprobre dont on les couvre en plein théâtre,
tout le fang dont ils fe fouillèrent? Applaudif-
fons donc à la Tragédie du *Triumvirat* , où
l'on dévoue à l'exécration de tous les hommes
Octave & *Antoine* , ces deux fcélérats débau-
chés , & dignes du dernier fupplice. Si jamais

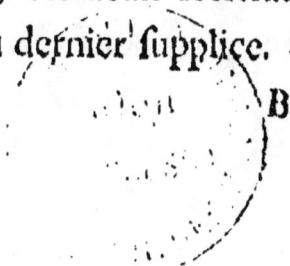

B

nous perdons le goût de nos scènes en style
élégiaque, cette Tragédie doit avoir le plus
grand succès. Elle n'est peut-être pas la plus ré-
gulière; mais, après *Mahomet*, elle est sans contredit la plus utile. Elle ne sera jamais le spectacle chéri de nos jeunes amans & de nos vieilles
Laïs; mais elle sera éternellement la plus forte
leçon que la Philosophie ait jamais faite aux
ambitieux, & un des plus beaux monumens que
la Poësie ait jamais consacrés au bonheur du
genre humain.

Ce'est bien mériter des hommes que d'em-
ployer ses talens à marquer du sceau de l'infâ-
mie un malfaiteur public, de quelque nom &
de quelques titres fastueux que l'adulation, ou
la bassesse, aient décoré ce malfaiteur. On ne
mérite pas moins, en exposant à la haine publique un scélérat hypocrite, qui, le poignard
à la main, osa asservir sa patrie à des menson-
ges grossiers. Le but moral de la Tragédie de
Mahomet se fait sentir d'un bout à l'autre. L'Auteur n'inspire tant d'horreur pour ce trop heureux Coracite, que pour nous prémunir contre

l'adreffe de ces Charlatans, qui, dans des tems d'ignorance, cherchèrent à faire des dupes, en affeſtant une religion qu'ils n'avaient pas, parlant au nom des Dieux qu'ils déshonoraient; fe difant leurs interprêtes, tandis qu'ils n'en étaient que les ennemis; enfin qui en imposèrent à des imbécilles, pour avoir des autels; & contre lefquels les fages auraient dû fe réunir, pour en délivrer la fociété.

Parmi les Tragédies de *Corneille*, il en eſt deux dans lefquelles ce grand homme approche du but moral: c'eſt dans *Cinna* & dans *Heraclius*; mais ce but ne produit aucun effet utile, par la fingularité avec lequel il eſt amené. Dans *Heraclius*, le fpectateur rit des perplexités de *Phocas*; dans le trépignement que lui caufent les incertitudes de ce vil tyran, il eſt tenté de s'en moquer; le fentiment qu'il éprouve eſt celui du dégoût & du mépris; mais il ne fent point cette fombre indignation, que doit infpirer la vue d'un fcélérat; on voudrait que fa mort fût l'ouvrage de la vengeance des Dieux, & elle n'eſt que l'ouvrage de l'ambition d'*Exupère*. Cet *Exu-*

père eſt un traître , un lâche. Il était odieux,
avant d'aſſaſſiner ſon maître ; & il ne doit pas
l'être moins , quand il en a purgé la terre. On
voudrait voir *Phocas* pourſuivi par les Dieux ,
tourmenté par ſa conſcience , & il n'eſt tourmenté que par l'embarras de ſavoir quel eſt ſon
fils. Cet embarras excite le rire & non l'horreur, ce qui donne à l'intrigue de cette Tragédie un air Comique.

Sémiramis , dans la Tragédie qui porte ſon
nom, eſt coupable de la mort de *Ninus*. Les
Dieux la puniſſent. Ce ſont eux qui la déchi-
rent par les remords, qui la pourſuivent ſur ſon
trône, & qui, juſques dans les bras du ſommeil,
l'épouvantent par des ſpectres affreux. Ce ſont
eux qui conduiſent la main de ſon fils, pour ter-
miner ſes jours; la vengeance des Dieux im-
prime la terreur; le repentir de cette Reine
malheureuſe inſpire la pitié. Voilà la Tragédie.

La cataſtrophe de *Cinna* approche encore
plus du but qu'*Heraclius* ; mais elle paraît plutôt inventée pour dire qu'*Octave* était clément,

ce qui n'étoit pas, que pour nous apprendre à l'être. On ne peut guères voir jouer *Cinna*, sans se rappeler tous les pillages, les concuffions, les voleries, les affaffinats, les baffes & monftrueufes débauches de cet *Octave*. Alors on eft tenté de croire que le pardon que ce brigand accorde au confpirateur *Cinna*, qui, je crois, ne confpira jamais, eft moins l'effet de la clémence, que celui de la crainte & de la politique.

Le difcours tyrannique de *Livie* en eft la preuve. Cette Impératrice veut juftifier les brigandages de fon mari, & voici comment elle raifonne :

Tous ces crimes d'Etat qu'on fait pour la Couronne,
Le Ciel nous en abfout alors qu'il nous la donne.
Et dans le facré rang où la faveur l'a mis, *
Le paffé devient jufte; & l'avenir permis.
Qui peut y parvenir, ne peut être coupable.
Quoiqu'il ait fait ou faffe, il eft inviolable.
Nous lui devons nos biens : tous nos jours font à lui.

* *Augufte.*

B iij

C'eſt là, ſi je ne me trompe , un ſyllogiſme infernal. *Hobbès* & *Machiavel* n'auraient pas mieux argumenté. Elle appuye cette Logique par une belle prophétie. Elle annonce que l'aſſaſſin, l'inceſtueux fils de *Cepias* ſera placé un jour au nombre des Dieux.

Ce n'eſt pas tout, Seigneur , une céleſte flamme,
D'un rayon prophétique , illumine mon ame,
Oyez ce que les Dieux vous font ſavoir par moi....

Te tairas - tu , exécrable Sagane ? Telle eſt l'apoſtrophe dont ce début prophétique fut accueilli , moi préſent, par un Parterre de Province , où les jeunes gens ſont moins contenus qu'à Paris. Aujourd'hui les Comédiens ſuppriment ces vers , qui font dreſſer les cheveux à la tête , que *Corneille* n'aurait jamais dû écrire , & qui font diſparaître le but moral qu'il ſemble avoir eu , en compoſant *Cinna*.

S'agit-il de Religion dans nos jeux Dramatiques? M. *de Voltaire* eſt encore ſupérieur à ſes Maîtres. En l'expoſant ſur la ſcène, il a un but celui de la faire aimer. Dans *Polieucte*, elle ne produit qu'un acte de révolte, que notre piété admire avec raison, mais que nous n'approuverions pas de nos jours. Nous désavouerions certainement un jeune Européan, qui, enivré d'un faux zèle, entrerait dans la grande Pagode de *Benarès*, & disperserait les Idoles de Brama & de Visnou. Cette imprudence produirait plus de mal que de bien. Rome aurait beau la canoniser ; nos Missionnaires & nos Marchands feraient les premiers à la condamner.

Il est triste de penser qu'*Athalie*, ce chef-d'œuvre de notre théâtre, ce modèle inimitable de versification, de conduite & de simplicité, n'est au fond qu'une conspiration de Lévites, & le meurtre d'une Reine fait au nom de *Jéhova*.

Il y a loin de l'esprit Judaïque à l'esprit du Christianisme. C'est dans *Alzire* que cette différence se fait bien sentir. Entendons *Gusman* expirant parler à *Zamore*, qui lui arrache la vie & sa maîtresse.

J'ai fait jufqu'au moment qui me plonge au cercueil,
Gémir l'humanité du poids de mon orgueil.
Le Ciel venge la terre : il eft jufte ; & ma vie
Ne peut payer le fang dont mon ame eft rougie.
Le bonheur m'aveugla : l'amour m'a détrompé.
Je pardonne à la main par qui Dieu m'a frappé.
J'étais maître en ces lieux; feul j'y commande encore;
Seul je puis faire grace, & la fais à Zamore.
Vis , fuperbe ennemi, fois libre ; & te fouvien
Quel fut & le devoir & la mort d'un Chrétien.
Des Dieux que nous fervons, connais la différence.
Les tiens t'ont commandé le meurtre & la vengeance;
Et le mien quand ton bras vient de m'affaffiner,
M'ordonne de te plaindre , & de te pardonner.

La morale n'eft pas le feul mérite des Tragédies de M. *de Voltaire* : c'eft celui certainement dont les hommes doivent lui favoir plus
de gré. Elles forment encore un cours d'hiftoire
pour la curiofité de qui aime à s'inftruire ; &
quel homme n'aimerait pas à connaître ceux
qui ont habité , ou qui habitent encore
notre petit globe ! Nous connaiffions déjà
les perfonnages que *Corneille* & *Racine* nous

ont montrés. Ils réveillent fans doute notre
admiration par le ton fublime dont leur génie
nous expofe des événemens déjà connus , mais
ils n'ajoutent rien à nos connaiffances. Quand
on les a entendus, on n'en eft ni plus inftruit,
ni plus difpofé à la vertu. Il eft vrai qu'ils n'ont
pu faire tout. Ils ont , en un fens, atteint la perfection de leur art. Il eft feulement fâcheux
qu'ils ne l'aient pas dirigé vers le bien public.
Cette faute, rachetée par tant de beautés , eft
entièrement fur le compte de leur fiècle , qui
fut , dit-on , le fiècle des grands talens, mais
qui ne fut pas celui des lumières.

Entraîné par fon génie, M. *de Voltaire* eft
allé plus loin que fes premiers maîtres. Suppléant
à ce qui manquait à leurs chef-d'œuvres , il a
cru qu'il ferait utile aux hommes de leur montrer tour à-tour le tableau de chaque peuple ,
les fuperftitions de chaque fiècle , le caractère
de chaque nation qui mérite d'être connue , &
qui a joué un rôle fur le théâtre du monde.
Grecs, Romains , Juifs , Perfans, Scythes, Tartares , Chinois , Arabes , Turcs , François, Ef-

pagnols, Américains, Crétois; il les passe tous
en revue. Ce n'est point tel ou tel homme qu'il
nous fait connaître, c'est tout un peuple qu'il
nous montre dans un seul homme.

Zaïre offre aux amateurs le double spectacle
de la bravoure Française, & les mœurs du sérail
d'un Ottoman. Cette Tragédie ne dut point,
comme on a affecté de l'imprimer, son succès
aux noms des *Chatillon*, des *Lusignan*, des *Né-
restan*. Ces noms à jamais chéris ajoutèrent seu-
lement un nouveau plaisir à celui qui pouvait
naître de la Tragédie la plus touchante jusqu'alors.

Ici, dans *Alzire*, on voit contraster le caractère noble, fier & libre d'un Américain, avec
l'orgueil tyrannique d'un Espagnol. Là les
mœurs agrestes de la Scythie, mises en opposi-
tion avec les mœurs efféminées des Persans;
ici, dans le même cadre, on voit avec les hordes
guerrières des Tartares ces vertueux & faibles
Chinois. Tout l'esprit de la Chevalerie se trouve
dans *Tancrede*. Dix volumes sur l'histoire des
Arabes ne nous peindraient pas mieux l'esprit

de ces peuples, que la Tragédie de *Mahomet*. Les Prêtres font ordinairement dans le théâtre de M. *de Voltaire*, ce qu'ils devraient être, & ce qu'ils furent fouvent, des hommes de bien. Montre-t-il un Conquérant, c'eſt un compofé de faibleſſes, d'emportement, de grandeur d'ame & de férocité. *Mahomet* eſt le ſeul qu'il peint fans vertu, & cela, parce qu'il ne l'envifage dans fa Tragédie que comme un hypo-crite, & l'hypocrifie exclu toute vertu.

Il manquait à la gloire de M. *de Voltaire* d'attaquer la plus abominable fuperſtition qui fut jamais : l'immolation des hommes. *Euripide*, chez les Grecs, *Racine*, parmi nous, nous avaient montré dans leurs *Iphigénies* le danger de cette fuperſtition. La Tragédie des *Guebres* fut faite, il y a quatre ans, pour en infpirer l'horreur ; elle n'était qu'un effai fur cet impor-tant objet, il fallait quelque chofe de plus.

II. DES LOIX DE MINOS,

Des Drames Bourgeois, & des DRUIDES.

ON peint dans la Tragédie des *Loix de Minos*
ce qu'on n'avait qu'efquiffé dans celle des *Gue-*
bres. Le fujet de ces deux Tragédies eft la def-
truction des facrifices humains. Il eft difficile de
remonter à l'origine de ces horribles facrifices,
ils font de la plus haute antiquité. Il n'eft point
de coin fur notre globe où cette infernale fuperftition n'ait régné plus ou moins long-tems.
C'eft, fi je ne me trompe, le fléau le plus dé-
plorable dont la nature humaine ait été affligée.
Les ravages de la pefte font moins affreux.

S'il eft vrai que la fable de *Saturne,* dévorant
fes enfans, & qui n'était qu'un emblême du
tems qui détruit tout, ait fait naître dans quelques
pays l'ufage exécrable d'offrir à des Dieux ab-
furdes le fang & les entrailles des hommes,
il faut avouer qu'il n'y eut jamais chez eux
de méprife plus abominable.

Il peut être faux que *Pilade* & *Oreste* aient volé *Diane* dans la Cherſonèſe Taurique , & qu'après avoir proprement empaqueté dans un fagot la petite Déeſſe , ils l'aient emportée ; mais il eſt certain que ces Inſulaires immolaient des victimes humaines , que les murs de leurs temples étaient ornés des crânes de ces victimes , & que c'étaient de jeunes vierges qui faiſaient l'office de bourreaux.

On ne ſaurait non plus révoquer en doute que les hordes des Germains ne fuſſent ſuivies à la guerre , ou dans leurs émigrations , par des Prêtreſſes , qui , de tems en tems , enfonçaient de grands coutelas dans le ſein de leurs priſonniers. Sur le Rhin , on a trouvé des pierres qui atteſtent ces barbaries ſacrées. Dans les Gaules , les Druideſſes préſidaient à ces aſſaſſinats, faits au nom du Ciel. Preſque en tout pays , le ſexe le plus doux, le plus tendre , le plus compatiſſant, était chargé du miniſtère le plus atroce. Dans l'Arabie , chez cette nation de voleurs , dans le temps qu'on y adorait les Etoiles , c'était encore les femmes qui, par état , étaient con-

facrées à l'immolation des hommes. Le grand-
père de *Mahomet*, pour racheter fon fils, qué
la Prêtreffe devoit facrifier, paya, dit-on, une
rançon de cent chameaux, ce qui paraît un peu
fort, quand on y regarde de près.

Cet excès de dépravation étonne fans douté
chez des barbares; mais on eft confondu, quand
on voit que cette dépravation avait fubjugué
la plupart des peuples policés. Il ne s'agit point
ici des tems fabuleux & des temps héroïques de
la Grèce & de Rome; on y facrifia des hommes dans le tems même qu'elle avait des Philofophes.

Carthage tenait cet ufage des Phéniciens,
dont elle était une Colonie; mais ces Phéniciens, qui portèrent leurs connaiffances, leurs
erreurs, leur induftrie & leur cupidité à l'Occi-
dent, à droite & à gauche de leur fertile pays,
où avaient-ils appris que, pour plaire au père
des hommes, il fallût égorger des hommes?
Cette fuperftition était-elle née chez eux comme
les fruits de leur climat? La devaient-ils à leurs
courfes & à leurs découvertes, comme notre

Europe doit à la découverte du nouveau monde la maladie la plus abominable qui ait jamais infecté le genre humain?

Non loin de la Phénicie, & vers le petit ruisseau de l'Arnon, de pieuses mères immolaient leurs enfans, & les mangeaient en l'honneur de Béelphegor, Dieu des mouches. Les Juives, leurs voisines, prirent goût à cette antropophagie sacrée. Elles se rassasièrent souvent de la chair de leurs filles & de leurs fils, & se repurent souvent de leur sang. C'est de David que nous tenons ce fait historique. *Initiati sunt Beelphegor, comederunt carnes filiorum filiarumque, & sanguinem eorum biberunt.*

Cette contagion, qui avait infecté l'ancien monde, nos Argonautes l'ont trouvée dans une infinité de cantons du nouveau. Elle a régné & régne encore du fond du Japon à l'embouchure du Sénégal, & de l'île Formose à l'embouchure du Tage.

S'il en faut croire les voyageurs, les Giaques, pour obtenir une bonne moisson, offrent en holocauste aux Dieux tutelaires une jeune vierge, après l'avoir pilée vivante dans un mortier, avec des herbes odoriférantes. Si ce fait est vrai, il confirme ce que l'antiquité dit des Issedons, peuples de Scythie, qui, après avoir haché le corps de leur père, & avoir fort pieusement mêlé ses chairs avec d'autres viandes , le mangeaient. C'était le ragoût sacré que , dans un festin funèbre , la superstition présentait à la famille assemblée. Tout cela est aussi exécrable que dégoûtant, mais cela n'est pas incroyable.

En plus de vingt endroits dans les Indes, on n'attend pas d'être sacrifié ; on s'immole soi-même. Il n'est pas rare de voir des domestiques s'enterrer avec le corps de leurs maîtres , & des veuves se jeter dans le bucher qui brûle le corps de leur mari. Il en est d'autres, qui, pour avoir l'honneur d'être saints & le plaisir de faire des miracles, après leur mort, se laissent écraser sous les roues des chars qui voiturent les Idoles. Sur les côtes du Japon, il y a des barques chargées de bandes de Fanatiques, qui, ayant payé au Dairi un brevet de sainteté, & portant en poche leur apothéose, se précipitent

tent dans la mer. C'eft ainfi qu'ils achettent le droit d'être mis dans le martyrologe de la Secte des Budfoiftes, ce qui eft un grand honneur. Ces fuicides font affreux fans contredit ; mais comme ils paraiffent volontaires, ils le font beaucoup moins que l'immolation des hommes.

Je n'ajoute pas toujours foi aux faifeurs de relations, qui font fouvent des menteurs, ni à l'autorité des compilateurs de dictionnaires ; qui, pour l'ordinaire, ne méritent pas plus de confiance; mais je ne doute nullement que les Crétois n'aient offert des victimes humaines à leur Jupiter. On n'examinera point ici d'où ils tenaient cette coutume. *Minos* l'avait confacrée, & ce *Minos*, qu'on dit avoir été un roi févère, & qu'après fa mort on érigea en Lieutenant-criminel des Enfers, me paraît avoir été un grand charlatan, comme la plupart de ceux qui donnèrent des loix.

On convient qu'un grand homme, dans des tems d'ignorance, a pu être forcé de tromper les hommes pour leur bien. Tel fut *Numa*. Avant lui les Romains reffemblaient à des tigres, qui

C

ne fortaient de leurs tannières que pour fe jeter
fur les troupeaux & les filles de leurs voifins.
Ce *Numa* employa la fuperftition pour emmu-
feler ces bêtes féroces, & il fit fagement : il en
réfulta un bien ; mais il n'en réfulta jamais aucun d'ériger le meurtre en acte de religion ; &
fi jamais il y a eu une raifon de croire que le
Diable foit forti des enfers, c'eft quand on voit la
race humaine livrée à une pareille fuperftition.

Ces facrifices humains font, comme nous l'avons
déjà dit, le fujet de la Tragédie des *Loix de Minos*.
Elle ne remédiera point aux maux de la Créte ,
elle vient, pour fon malheur, plus de trois mille
ans trop tard ; mais elle peut être pour nous un
grand fujet d'inftruction. Son but moral fe fait
fentir d'un bout à l'autre ; il confifte dans l'éta-
bliffement de cette charité fraternelle , qui ,
dans l'ordre des préceptes de notre religion ,
tient le fecond rang , & qui , raprochant toutes les conditions , & faifant difparaître toutes
ces opinions ridicules qui divifent la fociété
civile, ne devrait faire des hommes qu'une feule
& même famille.

Les *Loix de Minos* ont encore pour objet la tolérance; non celle qui fomente les désordres civils, & qui n'est que l'impunité du crime; mais cette tolérance, à la faveur de laquelle le Christianisme, après trois siècles de combats & de persécutions, monta sur le trône des Césars; enfin cette tolérance; dont nos Missionnaires Jacobins & Franciscains auraient besoin pour établir ce même Christianisme dans le Japon; dans les Indes, à la Chine & chez le Dálaï-lama, Divinité vivante, dont l'imbécillité achette les excrémens.

Les *Loix de Minos* ne sont point un ouvrage nouveau; c'est une Tragédie perfectionnée; elle offre le même plan, la même marche & la même catastrophe que les *Guebres* : l'intrigue des deux pièces diffère à la vérité, mais on y trouve les mêmes discours sur la charité universelle. Dans l'une & dans l'autre, c'est un Philosophe, qui, plein de l'idée de Dieu & de l'amour de ses frères, prêche, en vers harmonieux, l'humanité, l'indulgence, la soumission aux loix divines, & l'anéatissement d'une loi barbare.

C ij

On ne préfenta jamais aux hommes un plus beau fujet d'inftruction.

La méprife de deux amans, placés dans les mêmes circonftances, eft à-peu-près la même. *Arzame*, dans les *Guebres*, & *Aftérie*, dans les *Loix de Minos*, paffent pour les enfans de deux vieillards agreftes & fimples : échappées au tré-pas, dans un jour de carnage, élevées chez un peuple cultivateur, dévouées à la mort, l'une, parce qu'elle eft captive ; l'autre, parce qu'elle a adoré dans le Soleil l'emblême du Dieu qui créa le Soleil ; reconnues à peu de chofe près dans les mêmes circonftances, elles trouvent l'une & l'autre leur père dans leur défen-feur.

Ces deux Tragédies, qui, pour le fond & le but, font les mêmes, diffèrent cependant en un point qui nous paraît effentiel. Cette différence fe trouve dans l'intérêt qui naît des principaux perfonnages. Dans l'une, ils ne font que de fimples particuliers : un Tribun Militaire, un Lieutenant, un Soldat, un Jardinier, une jeune Guebre ; dans l'autre, c'eft un Roi, des

Archontes & des Prêtres, qui partagent avec?
le Roi la souveraineté de la Crète.

Quelques modernes prétendent que l'intérêt
d'une Tragédie augmente à mesure que ses per-
sonnages approchent de l'ordre commun ; ils se
trompent certainement. Mais ils ont eu, dit-
on, de grands succès au théâtre, & c'est ainsi
qu'ils ont prouvé leurs systèmes. Cette preuve
nous parraît insuffisante. Nous avons été les premiers à applaudir à leurs succès , parce qu'ils
ont des vertus qui nous les rendent chers , & *M. Saurin.*
des talens que nous admirons. Mais , malgré
leurs succès & leurs talens , nous ne pensons
pas comme eux , & nous allons dire notre
sentiment , qui , n'étant que celui d'un parti-
culier qui vit à la campagne , ne saurait influer
sur l'opinion publique.

Il est ridicule de se passionner pour un genre
préférablement à un autre ; il est encore ridicule
de vouloir borner nos plaisirs aux genres an-
ciennement connus. Je plains ceux qui ont des
goûts exclusifs ; & il est malhonnête de faire
des libelles grossiers contre ceux qui ne sont

pas de notre avis sur des matières de pure littérature.

On peut bien ne pas aimer, *Atrée* , ni toutes ces pièces atroces , qui sont écrites d'un style d'Energumène ; mais il faut , je pense , se prêter à tout, & ne point dire d'injures à personne. J'aime les tableaux d'histoire, mais je n'irai pas faire un volume contre ceux qui ne veulent que des *Teniers*. Les partisans de *Vateau* n'ont jamais déclaré la guerre aux amateurs des marines de *Vernet*. Permis à chacun de préférer un genre , & de suivre son goût ; il n'y a, en fait d'ouvrages , que le genre ennuyeux & le genre méchant qu'on doive proscrire.

La Tragédie Bourgeoise , si l'on veut donner ce nom à quelques Drames nouveaux , pour les avilir , est à la vérité plus dans nos mœurs qu'*Œdipe* , *Rodogune* & *Phedre*. Des pièces attendrissantes , telles que *Nanine* , *Mélanie* , sont plus voisines de nous qu'*Hermione* & *Iphigénie* ; & , malgré cette proximité , elles intéressent moins que la vraie Tragédie, où des Souverains jouent les premiers rôles. Les querelles des

Princes nous touchent de plus près que les dif-
putes des particuliers.

. On est très-affligé de voir deux honnêtes
Citoyens s'égorger, parce qu'une femme les a
brouillés. Le cœur bondit d'horreur, lorsqu'on
entend dire qu'un père, parce qu'il a perdu son
argent au lansquenet, veut poignarder son enfant
qui dort ; mais comme, dans ces aventures,
notre fortune & notre liberté ne courent aucun
danger, elles sont bientôt oubliées. Le bonheur
d'un homme tient bien rarement à l'inconduite
ou à la mort de son voisin ; mais il importe à
tous les hommes qu'un bon Roi soit heureux,
qu'il vive long-tems, qu'il ne soit pas contredit quand il fait le bien. Si ce Roi éprouve des
malheurs, nous y prenons nécessairement part,
parce que ses malheurs peuvent entraîner les
nôtres. Un Fanatique frappe-t-il *Henri IV* ? mon
ame se couvre de deuil. C'est mon Père qu'on
a frappé ! Je pleure sur ses jours, & je tremble
sur les miens, dans l'incertitude des suites que
peut avoir cette mort affreuse.

. Qu'on dise aux Parisiens que deux Rois de l'Eu-

rope vont fe battre en duel aux Champs-Elizées,
& que d'un autre côté on ajoute que deux particuliers de la rue S. Honoré doivent fe couper
la gorge à la Porte S. Antoine , il eft certain
que ces deux particuliers fe battront feuls, & que
tout Paris volera aux Champs-Elizées , encore
moins par la curiofité de voir battre des Rois,
qui ne fe battent jamais qu'à la tête de cent ba-
taillons, que parce que c'eft de ces deux Souverains que dépend notre bonheur, ou notre malheur. Les aventures bourgeoifes font rarement
liées aux événemens de notre vie , au lieu que
la deftinée des têtes couronnées fait toujours
la deftinée des peuples. *Quidquid delirant Reges,
plectuntur Achivi.*

Ainfi donc les actions des Rois & des Grands,
tenant plus au bonheur des hommes, les Tragédies, dont les perfonnages font des Souverains , des Princes , des Magiftrats , doivent
avoir un degré d'intérêt , qui ne fe trouve jamais dans ces Drames nouveaux , dont les perfonnages ne font que des particuliers , quoique
ceux-ci foient plus voifins de nous. Il peut fe

faire que, fur des théâtres de fociété, ces Drames faffent un effet plus vif; mais fur des théâtres, autour defquels s'affemble une partie de
la nation, la vraie Tragédie produira néceffai-
rement un plus grand intérêt.

Ce n'était pas trop ici le lieu de parler de la
Tragédie appelée *Bourgeoife*, au fujet des *Guebres* & des *Loix de Minos*, où il n'y a rien que
de grand & de noble. Mais on a été entraîné,
& l'on ne fait trop comment, à cette petite
difcuffion littéraire, qui peut être utile pour
montrer que la différence qui peut naître de
l'intérêt de ces deux Tragédies, eft en faveur
de la dernière, dont le principal perfonnage eft
un Roi fage & philofophe, qui, depuis la première jufqu'à la dernière fcène, fixe l'attention
du fpectateur, foit par le bien qu'il veut faire,
foit par les obftacles qu'il trouve à fa volonté.

C'eft dans la conduite de *Teucer* qu'on voit
le but moral de cette Tragédie. Il eft renfermé
dans les paroles qu'il prononce, après avoir
renverfé des autels fouillés de fang, & qui de-
vaient l'être du fang de fa fille.

Braves Cydonniens, goûtez des jours profpères.
Libres, ainfi que moi, ne foyez que mes frères,
Aimez les Loix, les Arts : ils vous rendront heureux.
Honte du genre humain, facrifices affreux,
Périfle pour jamais, votre indigne mémoire,
Et qu'aucun monument n'en conferve l'hiftoire.

C'eft à-peu-près ainfi que parle *Philipe*, dans les *Guebres*. Cet Empereur, à la vérité, ne paraît qu'au dernier acte ; mais c'eft pour jouer un rôle bien autrement intéreflant que celui de *Don Fernand*, dans le *Cid*, qui, dans le cours de la pièce, ne partage guère que des confidences amoureufes, & ne fe montre, quand il eft tems de finir la Tragi-Comédie, que pour recorder & marier deux amans, brouillés d'abord, pour un foufflet, & enfuite pour un coup d'épée.

Philipe, dans les *Guebres*, paraît comme un père, comme un confolateur & un légiflateur, qui remédie aux maux qu'a produits une loi abominable. Le monologue qu'il prononce eft bien digne d'un Souverain inftruit. Les perfécutions, dit-il,

Ont mal fervi ma gloire, & font trop de rébelles.

Quand le Prince est clément, les fujets font fidelles.

On m'a trompé long-tems : je ne veux déformais

Dans les Prêtres des Dieux que des hommes de paix ;

Des Miniftres chéris, de bonté, de clémence,

Jaloux de leurs devoirs, & non de leur puiffance,

Honorés & foumis, par les Loix foutenus,

Et par ces mêmes Loix fagement contenus.

Loin des pompes du monde, enfermés dans leur Temple,

Donnant aux nations le précepte & l'exemple,

D'autant plus révérés qu'ils voudront l'être moins,

Dignes de vos refpects, & dignes de mes foins.

C'eft l'intérêt du Peuple, & c'eft celui du Maître.

Je vous pardonne à tous : c'eft à vous de connaître

Si de l'humanité je me fais un devoir ;

Et fi j'aime l'Etat plutôt que mon pouvoir.

Je hais le fanatique & le perfécuteur.

Je penfe en citoyen, j'agis en Empereur.

Nous ne pouflerons pas plus loin ce parallèle. Il feroit fuperflu d'en dire davantage, pour faire connaitre que le même efprit a dicté les deux pièces.

Ce détail, où nous venons d'entrer, fans aucun intérêt pour la poftérité, ne l'eft pas dans ce moment, où l'on affecte de dire que les *Loix de Minos* n'ont été faites que sur le plan d'une Tragédie déjà connue & applaudie. On ne peut pas nier que M. *de Voltaire* n'ait quelquefois échardonné le terrein agreste de plusieurs de ses contemporains ; mais il est certain que les *Loix de Minos* ne sont, si j'ose parler ainsi, qu'une seconde façon donnée à un champ qu'il avait déjà défriché.

En renouvelant, sous ce titre nouveau, la Tragédie des *Guebres*, il a voulu consoler les gens de bien, de ne plus applaudir à une Tragédie du même genre, & dont le sujet était aussi la destruction des sacrifices humains. Nous parlons ici des *Druides*. De son hermitage il applaudissait aux succès de M. *le Blanc*. C'était une des consolations de sa vieillesse de le voir marcher sur ses traces, &, se proposant un but moral, ne parler à la nation assemblée que pour l'instruire.

Le sort des *Druides* est celui de la plupart de nos grandes Tragédies, depuis le *Cid* jusqu'à *Mahomet*. Ceux qui connaissent l'histoire du

théâtre favent avec quel acharnement les Critiques fondirent fur *Corneille* , lorfqu'ayant obf-
curci fes rivaux , il fe fut élevé au-deffus de fon
fiècle. Dans plus de vingt libelles il fut traité de
fot , d'*orgueilleux* , de *corrupteur des mœurs* , &
Chimène de *proſtituée*.

Racine effuya les mêmes reproches, au fujet
de fa *Phedre*. Tandis que les femmes cabalaient
contre ce chef-d'œuvre , un Jéfuite infolent
examinait dans une harangue publique fi *Racine* étoit Chrétien & Poëte , *Chriſtianusne an
Poëta ?* & il décidait qu'il n'était ni l'un ni
l'autre.

En 1718 , deux vers mal appliqués furent
le prétexte d'une cabale qui remua tout , pour
profcrire *Œdipe* , & pour perdre fon Auteur.
La philofophie de M. le Régent arrêta la perfé-
cution , il protégea *Œdipe* , & récompenfa fon
Auteur.

L'aventure de *Mahomet* eft connue. Après la
troifième repréfentation, la pièce fut défendue
fur les cris excités par la cabale de *Desfontaines*
& de fes adhérans. L'Auteur prit le parti de la

dédier à *Benoît XIV.* Ce Pontife, aussi sage qu'éclairé, accueillit avec distinction ce *Mahomet*, qu'en France on traitait d'impie, & envoya sa bénédiction Apostolique à M. *de Voltaire.*

Enfin la cabale se dissipa, & dix ans après cette aventure, la Tragédie de *Mahomet*, redemandée, & approuvée par un Sage, reparut avec un nouvel éclat. Comme il faut de grands talens pour faire valoir les grands rôles, le sort a voulu que le personnage de *Mahomet* ait toujours été joué par M. *le Kain,* l'homme qui, en France, a le plus approfondi son art. Le rang que doit occuper cette Tragédie n'est point encore réglé. On convient que c'est un chef-d'œuvre, & peut-être on attend que son Auteur ne soit plus, pour dire que c'est la première & la plus utile des Tragédies. Si c'est à ce prix qu'elle doit occuper le premier rang, puisse-t-elle ne jouir de cet honneur que bien tard.

Avec le tems, les chef-d'œuvres triomphent de la persécution. Nous ne sonderons pas les motifs qui firent suspendre les représentations

des *Druides.* Quels qu'ils foient, nous les ref-
pectons. Mais il femble que les ames timorées
s'alarmèrent trop légérement. Leur piété ne
s'apperçut pas que les Janféniftes leur donnaient
le change. Ces Janféniftes n'en voulaient point
à la Tragédie des *Druides*, dont ils fe fou-
cioient fort peu ; mais ils en voulaient beaucoup à M. l'Abbé *Bergier*, qui l'avait approuvée ; ils voulurent lui faire payer, par une
tracafferie odieufe, le mépris dont il accable
leur parti, qui canonife encore les convul-
fions, qui prend encore pour miracles des actes
de démence *, & qui ferait encore dangereux,
fi la Philofophie ne l'avait entièrement avili.

   Ceux qui n'ont point entendu parler de
M. l'Abbé *Bergier* apprendront avec plaifir que
c'eft un Théologien auffi zélé qu'inftruit.

   Veut-on pouffer la curiofité plus loin, & connaître combien la fcience de ce Théologien eft
éclairée ? On n'a qu'à l'entendre : « Nous ne

* Voyez le n°. 1 de la Gazette Eccléfiaftique Juin 1771.

» sommes plus, dit-il, dans un siècle de pré-
» jugés ; il est désormais permis de chercher le
» vrai sans prévention, de peser les raisons
» sans avoir égard à l'autorité ; &, conservant
» pour nos maîtres le respect qui leur est dû,
» nous pouvons sans scrupule nous écarter de
» leurs opinions : prétendre qu'ils ont tout vu,
» & qu'il ne reste rien à examiner après eux,
» c'est le parti le plus commode ; mais ce n'est
» ni le plus raisonnable, ni le plus sûr; il en coûte
» de les suivre pas à pas dans une défiance con-
» tinuelle, d'examiner, de vérifier, de compa-
» rer les preuves & les témoignages ; si après
» une marche si pénible, on croit découvrir
» ce qu'ils n'ont pas apperçu, pourquoi hési-
» terait-on de le dire ? .... La découverte de la
» vérité ne peut jamais être indifférente *.»

C'est d'après ces principes vrais dans tous les pays, adoptés par tous les sages, que M. l'Abbé *Bergier* nous assure que sainte Véronique

---

* *Origine des dieux*, pag, 3. Excellent ouvrage de M. l'Abbé *Bergier*.

n'exista

n'exiſta jamais, & que les honneurs qu'on lui rend ne ſont dûs qu'à la mépriſe de ces deux mots : *vera Icon*, vraie Image *.

Nous ſommes loin dès *Loix de Minos*, mais nous avons cru devoir rendre juſtice au Théologien, Approbateur de la Tragédie des *Druides*, dont le but moral était de dévouer à l'exécration de tous les hommes une ſuperſtition abominable.

Des Critiques, c'eſt-à-dire, dès hommes qui n'ont rien à faire, ont prétendu que ce n'était point au Grand-Prêtre *Cindonax* à détruire un culte reçu, que ce n'était pas non plus ſon intérêt ; mais c'eſt par-là même que, plus il a d'intérêt à conſerver un culte abſurde, plus ſon action eſt noble en le détruiſant.

Dans les *Loix de Minos*, à la vérité, l'action de *Teucer*, qui fait enfoncer les portes du Temple, ſemble plus naturelle & plus théâtrale elle eſt auſſi un acte de ſouveraineté. Il ne ſe.

---

* *Idem.*

D

porte à cette action qu'au moment où il retrouve sa fille, qu'il croyait morte, au moment où cette fille est entourée de bourreaux, & où, à genoux aux marches de l'Autel, le sacrificateur a le bras levé pour la frapper.

Cette Tragédie semble promettre le plus grand effet au théâtre : on y trouve ces belles scènes qui règnent dans tous les Ouvrages Dramatiques de M. *de Voltaire*. Cet appareil & cette pompe, qui contribuèrent si fort au succès des Tragédies de *Sophocle* & d'*Euripide*, & ce qui est encore au-dessus de ces faibles avantages, c'est qu'on y respire ce but moral, que les Grecs méconnurent, & dont on voit peu d'exemple dans les chef-d'œuvres de notre scène, avant l'Auteur que nous venons de citer.

Nous ne parlerons point ici du style dont elle est écrite : elle est remplie de vers, dont l'harmonie tient de la magie de ceux de *Racine*. En voici deux qui méritent d'être cités :

Vas, quiconque a vécu doit apprendre à souffrir.
On voit mourir les siens avant que de mourir.

Les deux vers fuivans renferment une belle
leçon :

Le monde avec lenteur marche vers la fageffe ;
Et la nuit des erreurs eft encor fur la Grèce.

C'eft par cette vérité que nous terminerons
des réflexions inutiles , il eft vrai , au fuccès de
la pièce , encore plus inutiles à la gloire de
M. de *Voltaire.*

F I N.

www.ingramcontent.com/pod-product-compliance
Lightning Source LLC
LaVergne TN
LVHW052150080426
835511LV00009B/1780